# Inhalt

## Steigende Rohstoffkosten - Problem für jedes Unternehmen

Kernthesen

Beitrag

Fallbeispiele

Weiterführende Literatur

Impressum

# Steigende Rohstoffkosten - Problem für jedes Unternehmen

*I.Zeilhofer-Ficker*

## Kernthesen

- Seit über einem Jahr befinden sich die Rohstoffpreise auf einem selten da gewesenen Höhenflug.
- Vor allem die Preise für Energien, für Erze und Metalle sind kaum noch durch niedrigere Margen aufzufangen.
- Da man nicht mit einem baldigen Sinken der Preise rechnen kann, müssen die Unternehmen Strategien entwickeln, wie mit der Rohstoffhausse umgegangen wird.

# Beitrag

Jeder Tankstellenstop wird heutzutage durch Benzinpreise in Rekordhöhe zum Albtraum und die Gas-, Heizöl- und Stromrechnungen gefährden regelmäßig den Familienfrieden. Auch Unternehmen müssen mit den hohen Energiekosten zurecht kommen sowie mit den Spitzenpreisen, die mittlerweile für Rohstoffe verlangt werden.

# Preisentwicklung

Seit nunmehr fast drei Jahren kann man verfolgen, wie die Preise für Energien, Metalle und andere Basisrohstoffe kontinuierlich steigen. Im Sommer 2005 haben die verheerenden Wirbelstürme in Nordamerika und die damit verbundenen Verluste an Förder- und Raffineriekapazitäten den Rohölpreis auf nie da gewesene Rekordhöhen katapultiert. Verunsicherte Anleger flüchteten in Gold, das in der Folge den höchsten Preis seit achtzehn Jahren vermelden konnte. (1), (2)

Doch auch andere mineralische Rohstoffe wie Kupfer, Zink, Nickel, Uran, Platin und nicht zu vergessen Eisenerz und Kohle sind nur noch zu Preisen einzukaufen, die sich vor einigen Jahren noch kaum jemand hätte träumen lassen. Einzig natürliche Rohstoffe also Agrarerzeugnisse reagieren im Großen und Ganzen gegen den Trend und für manche Naturprodukte können sogar fallende Preise festgestellt werden. (3), (4), (5), (6), (7), (8)

Der Hauptgrund für die Hausse von mineralischen Rohstoffen liegt nach einhelliger Expertenmeinung an dem explodierenden Bedarf der Schwellenländer China und in geringerem Maße Indien. Zu dem Nachfrageboom kommt die Tatsache, dass die meisten Rohstofflager aufgebraucht sind und die Erschließung von neuen Vorkommen einige Jahre braucht. Nun rächt sich die Tatsache, dass in den vergangenen Jahren jegliche Investitionen in neue Minen eingestellt wurden. In manchen Minen wurde die Ausbeutung von Vorkommen gar ganz eingestellt wurde, da zu damaligen Preisen nicht mehr rentabel gefördert werden konnte. (7), (8)

Aufgrund der Tatsache dass China und Indien erst am Anfang ihrer Industrialisierung stehen, ist mit einem schnellen Abnehmen des Bedarfes in den kommenden Jahren nicht zu rechnen. Deshalb wird in rund 70 Prozent der Einkaufsabteilungen auch künftig von steigenden Rohstoffpreisen ausgegangen. (7), (9)

# Wie mit hohen Material- und Energiekosten umgehen

Damit die Benzinkosten für Dienstreisen überschaubar bleiben, sollte sich jedes Unternehmen schon bei der Anschaffung der Firmenfahrzeuge überlegen, welche Typen in den Fuhrpark aufgenommen werden. Der Benzinverbrauch sollte ein wesentliches Auswahlkriterium sein und es sollte geprüft werden, ob nicht Erdgas- oder Hybridfahrzeuge als Alternative in Frage kommen. Bei Benzinpreisen von über 1,30 Euro pro Liter rechnet sich auch immer öfter eine Zugfahrt statt dem Auto. Für Heizung, Klimatisierung und Stromversorgung gibt es mittlerweile mit Photovoltaik, Solarheizung, Kraft-Wärme-Kopplung oder Biomasse-Kleinkraftwerken alternative Möglichkeiten, die langfristig nicht nur Geld sparen helfen, sondern auch wesentlich günstigere Umwelteigenschaften als Heizöl vorweisen. Der erste Schritt wird jedenfalls die gründliche Überprüfung der betrieblichen Gepflogenheiten bezüglich Energie-Einsparmöglichkeiten sein. (10)

Im Umgang mit den hohen Materialkosten haben die einzelnen Unternehmen ganz unterschiedliche Strategien entwickelt. Gleich ist über alle Branchen hinweg, dass die Preiserhöhungen für Rohstoffe kaum an die Endkunden weitergegeben werden können. Im Automobilbau sucht man deshalb verstärkt nach Alternativen zu teuer gewordenen Blech- und Stahlteilen. Im Maschinenbau geht der Trend zu multifunktionalen Werkzeugen, die insgesamt die gleichen Funktionen bei wesentlich geringerem Stahl- und Metallverbrauch bereit stellen können. (11), (12), (13)

Einkaufskooperationen werden gebildet, die Bedarfsbündelung vorangetrieben und der Teileeinsatz weiter optimiert. Jeder Idee wird nachgegangen und Innovationen sind bare Notwendigkeit geworden. Die engste Zusammenarbeit zwischen Entwicklungsabteilungen, Produktion und Einkauf erweist sich hier als Instrument für überlebenswichtige Kosteneinsparungen. Gerade auf dem Stahlsektor haben sich geschlossene Stoffkreisläufe hilfreich erwiesen, über die Altmetalle nach Gebrauch an die Produzenten zurückfließen. Schließlich sollte bei langfristigen Verträgen darauf geachtet werden, dass sich der Kunde an überbordenden Preissteigerungen für Rohmaterialien angemessen beteiligt. (14), (15)

Auch künftig wird sich kein Betrieb leisten können, einfach abzuwarten. Ein Sinken der Rohstoffpreise ist nicht in Sicht und Experten gehen davon aus, dass die Rohstoffhausse noch gut fünf bis zehn Jahre andauern kann. Einzig auf niedrigere Preise zu hoffen, dürfte sich als suboptimale Strategie erweisen. (7), (8), (14)

## Fallbeispiele

Die Bergbaukonzerne der Welt profitieren in hohem Maße von der Preisentwicklung der vergangenen Monate. BHP Billiton, der größte Bergbaukonzern der Welt, konnte für das abgelaufene Geschäftsjahr einen Gewinnanstieg um 85 Prozent auf 6,4 Milliarden Dollar vermelden. Der zweitgrößte Minenkonzern, Anglo American, konnte sein Betriebsergebnis um 28 Prozent auf 2,98 Milliarden Dollar steigern. (20), (21)

Die deutsche Stahlindustrie freute sich schon im vergangenen Jahr über eine rund vier Prozent höhere Nachfrage. In 2005 stabilisierte sich der Markt auf hohem Niveau bei rund 46 Millionen Tonnen , kann aber keine Zuwächse vermelden, da die Unternehmen die im letzten Jahr angeschafften hohen Lagerbestände erst einmal abbauen. Durch die gestiegenen Feinerzpreise müssen die deutschen Stahlunternehmen mit Mehrkosten von rund 700 Millionen Euro zurecht kommen. (6)

Namhafte Maschinenbauer wie Mapal, Iscar und Kennametal setzen verstärkt auf den Verkauf von multifunktionalen Werkzeugen. Da die Kunden im allgemeinen nicht willens sind, sich an den hohen Rohstoffpreisen zu beteiligen, bietet man beispielsweise Schneidplatten mit einer höheren Zahl von Schneiden oder Wechselkopfmaschinen, die günstige Preise pro Verarbeitungsgang ermöglichen. (13)

Umweltgerechte Produktentwicklung hat bei Mercedes den Titel Design for Environment erhalten. Das Ergebnis sind Fahrzeuge, die bis zu 30 kg Naturfasern enthalten, zum Beispiel in Kopfstützen, Rückenlehnen und Sitzkissen. Bei BMW sind Verbundwerkstoffe wie hanffaserverstärktes Polyurethan im Einsatz, VW verwendet Ölleinstroh für Gepäckraumabdeckungen. Weitere Entwicklungen sind in der Pipeline. (18)

## Weiterführende Literatur

(1) Anastassiou, Christina, Rohstoffmarkt Profit mit Kupfer und Eisenerz, Welt am Sonntag, 25.09.2005, Nr. 39, S. 52
aus Elektronik Praxis Nr. 05 vom 07.03.2005 Seite 076

(2) Nervosität an den Rohstoffmärkten Neuer

Hurrikan bedroht US-Golfküste - Öl verteuert sich - Goldpreis auf höchstem Stand seit fast 18 Jahren
aus Börsen-Zeitung, 23.09.2005, Nummer 184, Seite 17

(3) Spekulation treibt Agrarpreise
aus Süddeutsche Zeitung, 22.08.2005, Ausgabe Deutschland, S. 24

(4) Der Kupfermarkt am chinesischen Tropf Grosse Preisschwankungen wegen kleiner Lagerbestände
aus Neue Zürcher Zeitung, 16.09.2005, Nr. 216, S. 31

(5) Heinritzi, Johannes, Rohstoffaktien Lukrative Stars, FOCUS-MONEY, 07.09.2005, Ausgabe 37, S. 36-38
aus Neue Zürcher Zeitung, 16.09.2005, Nr. 216, S. 31

(6) Die Stahlkonjunktur in Deutschland stabilisiert sich auf hohem Niveau Preise für Eisenerz und Koks weiter hoch
aus BA Beschaffung aktuell, Heft 7, 2005, S. 36

(7) Drechsler, Wolfgang, Minenkonzerne rechnen mit einer langjährigen Hausse, Finanz und Wirtschaft, 27.08.2005, S. 36
aus BA Beschaffung aktuell, Heft 7, 2005, S. 36

(8) Kein Ende der Rohstoff-Hausse absehbar
aus Frankfurter Allgemeine Zeitung, 15.09.2005, Nr. 215, S. 23

(9) Rezept gegen weiter deutlich steigende Preise für Rohstoffe, Komponenten und Dienstleistungen

Manager suchen ihr Heil im weltweiten Einkauf
aus BA Beschaffung aktuell, Heft 2, 2005, S. 6

(10) Kollege Bleifuß hat ausgedient
aus acquisa, Vol. 53, Heft 09/2005, S. 36-37

(11) Risiko Materialkosten
aus BA Beschaffung aktuell, Heft 7, 2005, S. 3

(12) Kostenstress pur
aus Automobil Produktion, Heft 6/2005, S. 26-32

(13) Anteil der Sonderwerkzeuge wächst überproportional Verschwendung wird nicht länger geduldet
aus Industrieanzeiger, Heft 36, 2005, S. 60

(14) Inteview mit Dr. Andreas Möhlenkamp Manches Unternehmen liebt das Risiko
aus BA Beschaffung aktuell, Heft 9, 2005, S. 36

(15) Wir und unser Müll
aus brand eins, Heft 5/2005, S. 100-103

(16) Was passiert, wenn nichts passiert
aus McK Wissen, Heft 12/2005, S. 8-15

(17) Nächste Rally-Etappe gehört den Agrar-Rohstoffen Investmentchance: Nach Energie und Metallen dürften Nahrungsmittel das nächste Rohstoffthema werden
aus WirtschaftsBlatt, 07.09.2005, Nr. 2444, S. 19

(18) Drei Kokosnüsse für die Kopfstütze

aus Automobil Produktion, Heft 5/2005, S. 94-95

(19) Rohstoffhausse auf der Kippe
aus Frankfurter Allgemeine Zeitung, 27.08.2005, Nr. 199, S. 22

(20) Rohstoffkonzern BHP schürt Angst vor Preisverfall Weltmarktführer bei Erzförderung verdoppelt seinen Gewinn · Schwacher Ausblick lässt dieAktie einbrechen
aus Financial Times Deutschland vom 25.08.2005, Seite 8

(21) Drechsler, Wolfgang, Anglo American partizipiert am Rohstoffboom, Finanz und Wirtschaft, 06.08.2005, S. 28
aus Financial Times Deutschland vom 25.08.2005, Seite 8

# Impressum

## Steigende Rohstoffkosten - Problem für jedes Unternehmen

**Bibliografische Information der deutschen Nationalbibliothek**

Die Deutsche Nationalbibliothek verzeichnet diese Publikation in der deutschen Nationalbibliografie; detaillierte bibliografische Daten sind im Internet über http://dnb.d-nb.de abrufbar.

ISBN: 978-3-7379-1051-4

© 2015 GBI-Genios Deutsche Wirtschaftsdatenbank GmbH, Freischützstraße 96, 81927 München, www.genios.de

Alle Rechte vorbehalten. Dieses Werk ist einschließlich aller seiner Teile – z.B. Texte, Tabellen und Grafiken - urheberrechtlich geschützt. Jede Verwertung außerhalb der Grenzen des Urheberrechtsgesetzes bedarf der vorherigen Zustimmung des Verlags. Dies gilt insbesondere auch für auszugsweise Nachdrucke, fotomechanische Vervielfältigungen (Fotokopie/Mikroskopie), Übersetzungen, Auswertungen durch Datenbanken oder ähnliche Einrichtungen und die Einspeicherung und Verarbeitung in elektronischen Systemen.